PETER GAYMANNS
KATZEN

Mosaik bei
GOLDMANN

Vorneweg ein kleiner Gruß aus der Küche
T. GAY

Falls du den
Heringssalat suchst
– vergiss es!

Zum fünfzigtausendsten Mal: RUNTER VOM TISCH!!
Sie steht ja nicht direkt auf'm Tisch

Von wem hat er das wohl ?
T. GAY

Ich wollt's dir nur mal zeigen, damit du nicht glaubst, ich denk mir so was nur aus.
T. GAY

Seit ich kastriert bin, rauch ich wieder.
Voll normal
T. GAY

In allen meinen Bildern geht es schlicht um die Abwesenheit der Maus!

Du unterstützt
das auch
noch!

Miez
Miez
Miez
Seit wann
miezen wir uns?
P. GAG

Ihre Milch!
P. GAY

Komm jetzt.
Es ist nur ein Bild.
Es ist nicht real.
Lass mich!
P. GAY

EIN KLEINER GRÜNER KAKTUS ...
P. GAY

Diesmal hab ichs über die Nord-Route probiert.
T. GAY

Leas Samstagabende

Aha – hier verbringt er neuerdings seine Abende.

Wo darf ich dich absetzen?
Am Stadtrand in einem dieser Miezhäuser.
MODE
T. GAY

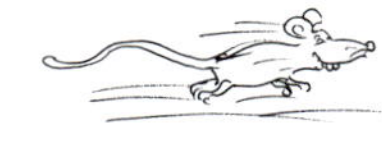

Sie hat heute noch kein Wort mit uns gesprochen.
Naja – schließlich hat sie uns gestern mit ihrem Mann im Bett erwischt!

Oh Gott – was für ein süßes Kätzchen.
Hat sich sicher verlaufen.
Na wie heißt du denn?
Es hat einen Zettel um den Hals.
Was steht denn drauf?
SCHWER ERZIEHBAR!
P. GAY

Ich hab sie schon in der Schule gehasst!
Pizza
Espresso

Um Gottes Willen – willst du so raus?
P. GAY

DER GESTIEFELTE KATER

FRISEUR
T. GAY

P. GAY

P. GAY

Worum geht's überhaupt?
Wie immer. Frauen oder Politik!

Ich war gestern beim Tierarzt
Und? Sieht er so gut aus wie alle behaupten?
P. GAY

Weißt du wie spät es ist? – Und wo kommst du überhaupt her??
Siehst du nicht dass es mir beschissen geht?
T. GAY

Bist du auch lieber draußen?
Drin stinkts immer so nach Katzenklo!
P. GAY

Merke:

Jede Katze hat einen Lieblingsplatz

Jetzt spring halt!
Nicht ohne Helm!

MASSAGE SALON
Worauf warten wir? Los! Rein!!
Aber wirklich nur streicheln lassen.
T. GAL

Vierter Stock – links!
Gibt's 'n Aufzug?

Sie dürfen diese Muschi jetzt küssen.

Es ist ein Mädchen!

Immer mehr Frauen
entscheiden sich für
eine Katze!

Schnurrr
Knurrrr

Blöder Hund!
Knochen-lutscher!
REX
Wichser!
REX
WUFF
MAMA! MAMA!
ER HAT UNS GEBISSEN!!
REX
P. GAY

Schlechtes Foto von mir!
ENTLAUFEN
Wir suchen verzweifelt
Tel: 3106565

Dein Mann scheint ja grad ordentlich eins in die Fresse zu kriegen!

Blödes Spiel
KRRR
KRRR
Blödes Spiel
T. GAY

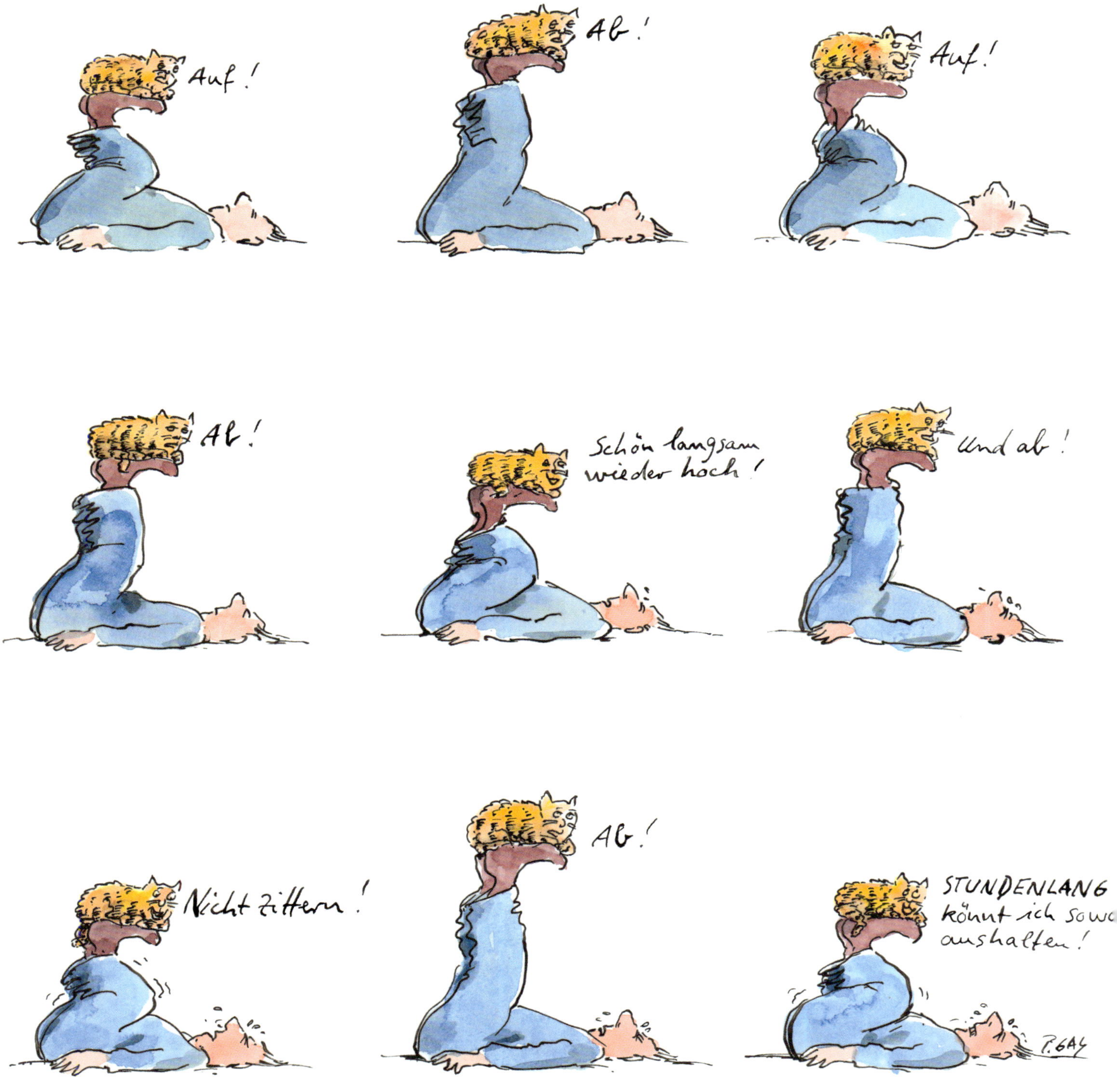
Auf!
Ab!
Auf!
Ab!
Schön langsam wieder hoch!
Und ab!
Nicht zittern!
Ab!
STUNDENLANG könnt ich sowa
aushalten!
P. GAY

Scheiß-
Beziehung
T. GAY

Wie geht's?
Haste meine SMS nicht gekriegt?

Er kommt gleich – Er muss erst noch sein Zimmer aufräumen!
P. GAY

Bist du wahnsinnig? Das ist ein Designer-Sofa! – Sowas kostet ein Schweinegeld.
Sag mal, wie bist du denn drauf?
P. GAY

In der Küche steht noch eine Dose leckerer Kekse.
Die Frage ist nur, wer die holt
TV-HEUTE
P.GAY

Ist ja nur
mein Schwanz.
Tut ja auch
gar nicht weh.
H
T. GAY

Ist es zum ersten Mal, dass du von zu Hause abhaust?
Ich hau nicht ab – ich brauch nur mal ein bisschen Abstand.
T. GAY

Komm du zu mir
Nee- komm du zu mir

P. GAY

Heute hast du drei Wünsche frei.
Streicheln
Kuscheln
Kraulen
T. GAY

Die bekannteste Diät heißt Nulldiät.
Ist aber neulich verboten worden wegen Tier-quälerei!
P. GAY

Eine Kugel Katziatella per favore.
GELATO
MARCO
T. GAY

KOOOMM!
Bring Franchen das Oberteil!!
T. GAY

Das ist doch ein Trick.

Sonnenbrand

Rimini, 17. Juli 2015

UUUAAAAAA

Ich bin total glücklich
Der Mond könnt noch ein bisschen voller sein.

ICH
ICH WARS NICHT!

Was machen wir nach dem Mittagsschlaf?
Ausruhen!

Wer je ein Katzenklo von innen gesehen hat, der hat das Elend gesehen. (Benjamin Katz)

Bald werde ich dich heiraten!
Dann ist aber Schluss mit in Sandkasten pissen!

Los, beweg dich!
O.K. – Ich geb auf.
P. GAY

Die Zeiten, wo man jedem Wollknäuel hinterhergerast ist, sind doch längst vorbei.
Ach, manchmal juckts mich schon noch.
P. GAY

Denk dran, dass wir nachher alles wieder einräumen müssen!!
P. GAY

HILFE!
UNSER PUPSI IST WEG!
Tel: 744124
PUPSI – was für ein dämlicher Name!
Was meinst du warum ich abgehauen bin?!
T. GAY

T. GAY

Das Buffet ist eröffnet!

Wenn sie uns jetzt erwischen, wieviel Jahre kriegen wir dann?
P. GAY

am. Die Nationalmannschaft
s hatte soeben die Italiens
Ausgleichstreffer in letzter
angelegt sei. Knapp
Blauen, offenb
das Gewinnen
nt einmal mehr ei
artie gegen die Schweiz
dete 0:0, das dritte torlose
ten Heimspiel der WM-Quali
Tests dazugerechnet ist es das sec
Remis in Frankreich hintereinande
Weil in dieser Saison kein Auftritt in Pa-
ris mehr ansteht, bleibt die Auswahl da-
durch erstmals seit 1931/32 eine ganze

Hoffentlich hab ich morgen einen Kater

P. GAY

PECH!
GLÜCK!
P. GAY

Widmung

Dieses Buch möchte ich meinen beiden Kindern Saskia und Julian widmen – und natürlich ihren heißgeliebten Schmusetigern, die immer vollkreative Mitglieder unserer Künstlerfamilie waren (Designer-Sofas z. B. wurden in kürzester Zeit umgestaltet in Kratz-Objekte). Zu großer Berühmtheit brachten es: Pina Pinelli, Fratzi, Topolina, Gorbatschow (Gorbi) und Marie.

Umwelthinweis: Dieses Buch und der Einband wurden auf chlorfrei gebleichtem Papier gedruckt.

1. Auflage

Einzelabdruckrechte an den Zeichnungen von Peter Gaymann:
www.cartoon-agentur.de
Umschlagillustration: Peter Gaymann
Umschlaggestaltung: WILD AT ART, Andrea Schmidt, München
Illustrationen: Peter Gaymann
Artwork und Gestaltung: WILD AT ART, Andrea Schmidt, München
Reproduktion: Lorenz & Zeller, Inning a.A.
Druck und Bindung: aprinta Druck, Wemding
Printed in Germany
ISBN 10: 3-442-39098-2
ISBN 13: 978-3-442-39098-4

www.goldmann-verlag.de